Michel Élie Aloho

Guerre Du Serpent contre l'humanité

Michel Élie Aloho

Guerre Du Serpent contre l'humanité

Éveil de la conscience et stratégies

Éditions Croix du Salut

Imprint

Cover image: www.ingimage.com

Publisher:
Éditions Croix du Salut
is a trademark of
Dodo Books Indian Ocean Ltd., member of the OmniScriptum S.R.L Publishing group
str. A.Russo 15, of. 61, Chisinau-2068, Republic of Moldova Europe
Printed at: see last page
ISBN: 978-620-3-84179-4

Dédicace

Le temps passé au Ministère Pastoral et, particulièrement dans le Ministère de Délivrances et de Révélations a permis par le Saint-Esprit de mettre à la disposition des Serviteurs et Servantes de Dieu ainsi qu'à toute la communauté Chrétienne cette révélation sur l'hostilité entre le serpent la descendance de la femme.

Le serpent en tant que esprit impur est un animal dangereux qui fait des ravages dans nos communautés chrétiennes sans que l'on en saisisse ses moyens d'actions.

À vous tous, nous dédions ce livre pour la prise en compte dans votre marche avec le Seigneur. Il est un handicap majeur qui nécessite la connaissance. Mon peuple périt par manque de la connaissance. Et, cette connaissance n'est autre que cette révélation.

Nos vœux de gratitude sont adressés à Monsieur John Kyalwe, Pasteur et Professeur de Théologie pour ses heures consacrées à l'orientation des idées et de leurs agencements.

À mes beaux enfants, OMBA DJEMA CHRISTIAN ET SA CHÈRE ÉPOUSE JONATHANE NGASILA, LOKAMBA DJEMA GLOIRE, OLEKO DJEMA CARINE maman à Eliakim Musinde et Eleana Musinde ainsi qu'à son cher époux Monsieur Musinde Dede et enfin à mon fils cadet FIRMIN DJEMA WA DJEMA, je ne cesserai de rendre gloire à Dieu pour tant de bonheurs qu'ils me procurent. Ils sont une bénédiction pour ma vieillesse.

À tous mes petits-fils de Lodja, de Kinshasa, je lègue cette richesse qui est lampe à vos pieds et une lumière sur vos sentiers.

PLAN

0.0. INTRODUCTION 4
I.LE SERPENT 5
1.1 DÉFINITION BIBLIQUE 5
1.2Compréhension anatomique du serpent 8
1.3COMPRÉHENSION ÉGYPTIENNE DU SERPENT .. 9
1.4LE SERPENT ET LA FEMME 11
1.5LE SERPENT ET L'HOMME 22
1.6Le serpent et les jeunes (filles et garçons) 25
1.7Quelques objectifs du serpent 27
II. STRATÉGIES D'ATTAQUES DU SERPENT 34

2.1Doctrine de Pharisien,Autre forme du serpent............. 34
2.2. NOUVELLE NAISSANCE, NOUVELLE MARCHE 39
2.3. MARCHE AVEC DIEU DANS L'ANCIEN TESTAMENT 40
2.4.MARCHE AVEC DIEU DANS LE NOUVEAU TESTAMENT 43
2.5.NOUVELLE NAISSANCE, NOUVELLE MARCHE46
2.6.LE POUVOIR DU FEU FACE AU SERPENT 51
CONCLUSION 53

0.0. INTRODUCTION

Depuis la création de l'humanité telle que relatée dans le livre de Moïse, intitulé la Genèse, Dieu créa des êtres animés et inanimés. Parmi les êtres animés, il y a des animaux et des hommes.

Le texte sous vos yeux va s'attarder sur les êtres animés, de nature animale et particulièrement sur le serpent. Animal rusé et, qui se déplace sur le ventre au moyen de ses écailles.

En écrivant ce livre, nous pensons éveiller la conscience de l'humanité sur l'hostilité permanente entre le serpent et la descendance d'Adam et de Eve. Cette guerre déclarée prend la coloration sectorielle du milieu, de la personne et des objectifs que le serpent projette à atteindre.
Par ces écrits , nous développerons quelques types d'armes d' attaques mis en œuvre par le serpent pour atteindre son objectif de destruction de l'humanité.

Ce qui va nous amèner à comprendre le serpent dans son monde ancien, actuellement dans nos communautés et, son mode opératoire.

I. LE SERPENT

1.1. DÉFINITION BIBLIQUE

Les Écritures Saintes parlent longuement sur le serpent et, offrent à l'humanité plusieurs approches compréhensives de la notion de serpent. Considérant l'approche contenue dans apocalypse 12 :9, il s'exprime en ces termes : < Il fut précipité, le grand dragon, le serpent ancien, qu'on appelle le diable et Satan, *celui qui égare le monde entier.* Il fut précipité sur la terre, et ses anges furent précipités avec lui. >

La version biblique" le semeur " s'est plus rapprochée de notre manière de comprendre la signification dans la mesure où il dit que le serpent *est celui qui égare le monde entier.* Égarer, c'est l'objectif principal du serpent vis à vis de l'humanité. En égarant l'humanité, le serpent entend sortir l'homme où la femme du contexte initial de sa création par l'Eternel , c'est de les sortir du chemin du Christ, c'est de les mettre hors vision divine pour la simple raison que Dieu a toujours une vision pour chaque être vivant. C'est de les éloigner du milieu préparé, jardin d'Eden cas de Adam et Eve. C'est de les écarter de l'idée référentielle de l'Eternel.

La Bible s'est aussi attardé dans Genèse 3 : 1 en rappelant que < le serpent était le plus tortueux de tous les animaux des champs que l'Eternel Dieu avait faits (...) >

Le mot tortueux résume la nature du serpent. Il tord, il froisse la vérité. Il donne par ce fait, une compréhension autre que celle que l'Eternel a donné initialement. Telle fut la compréhension qu'il avait donné à Eve par rapport à loi de l'Eternel au jardin d'Eden. Il avait réussi à sortir Eve du droit divin au travers leur dialogue. Ce qui est une interpellation à beaucoup de chrétiens qui prêtent oreilles à n'importe qui ou à n'importe quel discours soit-il scientifique, Philosophique, anthropologique ou autre . Accorder son temps à écouter de tels discours est une ouverture à une croyance erronée qui précipite à la mort. Pour la simple raison que vous sortirez assurément de votre base de croyance. Et, le serpent s'est acharné sur Eve. Au verset 4 du même chapitre, il est dit < *alors le serpent dit à la femme :Mais pas du tout* > *au* verset 5, il renchérit et persiste dans sa mission de tordre la vérité en martelant que < *seulement Dieu sait que le jour où vous en mangerez, vos yeux s'ouvriront et vous serez comme Dieu, choisissant vous-même entre le bien et mal.* >. Ce qui n'a pas été la vision où n'a pas été le temps de Dieu.

Le discours du serpent était captivant, alléchant pour la femme mais, c'était un discours porteur des virus de la mort qui, malheureusement a séduit l'adhésion de Eve. Mais, cette adhésion n'a pas tardé pour que Eve se réalise qu'elle est tombée dans l'egarrement. C'est ce qui révèle au verset 13 < l'Eternel Dieu dit à la femme : Pourquoi as-tu fait cela ? C'est *le serpent qui m'a trompée* , répondit la femme et, j'en ai mangé. >

Pour avoir enfreint à la loi de l'Eternel, la malédiction tomba sur le serpent. Et, cela est repris dans le livre de Genèse 3 : 14 "< *alors l'Eternel dit au serpent : puisque tu as fait cela, te voilà maudit parmi tout le bétail et les animaux sauvages, tu te traîneras sur le ventre et tu mangeras de la poussière tout au long de ta vie.* > Et puis, au verset 15, l'Éternel dira que < *je susciterai l'hostilité entre toi-même et la femme. Entre ta descendance et sa descendance, celle-ci t'ecrasera la tête, et toi, tu lui écrasera le talon.* >

Depuis lors, cette malédiction accompagne le serpent et tous ceux qui ont la nature du serpent. Soient-ils femmes ou hommes, jeunes ou vieux de n'importe quelle contrée. La malédiction n'a pas de frontière. Elle accompagne les femmes-serpents, les hommes-serpents, les jeunes-serpents suite à la Parole de l'Eternel. Au regard de cette malédiction, il s'observe dans nos communautés ces serpents mangé de la poussière. Et, marchent en rampant. Dans le vécu quotidien, manger de la poussière et marcher en rampant peut se comprendre par des personnes-serpents qui créent des entreprises ou autre activité de la vie mais que ces unités de production tant culturelle, scientifique que physique tournent à rond sans développement malgré les moyens financiers mis à contribution. Pour les autres, leurs études sont sans succès. La misère indescriptible les atteint malgré les efforts fournis pour prospérer dans la vie mais ils continuent à ramper sans grand pas.

1.2. **Compréhension anatomique du serpent**

Le serpent est un animal rampant au moyen des écailles du ventre soutenu par une colonne vertébrale très souple et forte qui produit naturellement le travail escompté. Il rampe de gauche à droite ou vice-versa. Il a un venin qui fait sortir de l'eau. Cette eau est un venin qui est une substance mortelle.

Il y a plusieurs types de serpents selon les milieux naturels. Ainsi, on peut distinguer les serpents des déserts , des forêts, des savanes et des eaux.

Cependant, le dénominateur commun de ces reptiles est qu'ils donnent tous, la mort. Et ce , au delà de l'aspect doux que pourrait présenter leur physique. C'est au travers cette douceur que le serpent au jardin d'Eden avait égaré Eve et continue à égarer jusqu'aujourd'hui.

1.3. COMPRÉHENSION ÉGYPTIENNE DU SERPENT

L'Égypte ancienne est l'une des civilisations anciennes de l'humanité. Les symboles du pouvoir du pharaon étaient sans égards. D'autant plus qu'il était considéré comme le Roi tout puissant (il a tous les pouvoirs). Il était respecté, obéi et craint. Il était le chef de l' armée, il était juge suprême. Le pharaon était considéré comme dieu. Les égyptiens croyaient qu'il était le fils de Re (ou Ra) le dieu soleil. Il est grand prêtre de la religion égyptienne, dirige les cérémonies et fait construire les temples. Cette croyance est encore vécue dans la plupart des couches agnostiques de l'Égypte.

Parmi les attributs du pharaon, on peut retenir :

- Le vautour
- L'uraeus, le serpent cobra
- La barbe postiche.

Le serpent symbolise la séduction. Il est la marque du diable. Des témoignages confirment que les serpents jouent des rôles différents dans la pratique diabolique et satanique. Et, ce dans l'unique but de détruire le corps humain.

En Égypte ancienne, le serpent est source de pouvoir. Le cobra, serpent à lunettes est considéré comme pouvoir supérieur qui permet au détenteur de prédire l'avenir au moyen de ses lunettes. Pour ce faire, il est adoré et, Il détient l'arène dans les puissances du pouvoir tant religieux que corporel. Ce pouvoir pouvait permettre à pharaon de tenir tête à Moïse qui demandait d'aller avec les enfants d'Israël au désert pour servir l'Eternel. (Exode 5 : 2)

1.4. <u>**LE SERPENT ET LA FEMME**</u>

La femme est une créature de Dieu. Dans la compréhension biblique contenue dans Genèse 2 : 18, l' Éternel Dieu dit < il n'est pas bon que l'homme soit seul, je lui ferai une aide qui soit vis à vis. > et, aux versets 21- 23 < *alors l'Eternel Dieu plongea l'homme dans un profond sommeil. Pourtant que celui-ci dormait, il prit une de ses côtes et referma la chair à la place. Puis, l'Éternel Dieu forma une femme de la côte qu'il avait prise de l'homme. Alors s'écria : Voici bien cette fois celle qui est os de mes os, chair de ma chair. Elle sera appelée "femme" car elle a été prise de l'homme.* >

Dans la vision de Dieu, la femme est une aide précieuse pour l'homme. Une aide non seulement dans la procréation en donnant au monde la descendance, ce qui est une recommandation de l'Eternel qui les demandait de multiplier et de remplir la terre. Mais, sa contribution auprès de l'homme va au delà cette perception. Elle est utile dans le Ministère tant Pastoral, évangélique, apostolique, prophétique mais aussi dans les entreprises ou autres activités de la vie communautaire et familiale.

Cependant, le serpent ayant compris l'importance de la femme et le pouvoir naturel lui confére par l'Eternel, celui d'écraser sa tête, le serpent va devoir détruire son plan originel. Et, C'est par la séduction qu'il entame sa guerre vis à vis de l'humanité. (Genèse 3 : 1-4)

Depuis lors, le serpent est entré dans la femme par sa morsure. Morsure verbale qui a atteint le cerveau de la femme et l'a déconnectée de la volonté de Dieu. En inoculant son venin verbal dans la personne, l'esprit du serpent qui celui d'égarement entre dans la personne et il prend possession de ce corps et, il commence à se manifester au travers son comportement.
Mais, comment comprendre le comportement du serpent déjà incarné dans la femme ?

Plusieurs indications constituées des faits et gestes permettent de découvrir la face cachée du serpent, notamment :

1. Psaumes 55 : 22 < *sa bouche est pleine de douceur, elle est plus onctueuse que la crème, mais la guerre est tapie tout au fond de son cœur. Ses propos sont plus doux que l'huile, pourtant ce sont des épées nuées.* >
   Une voix douce mais une voix tranchante.

2. En ce que Actes 16 : 16- 19 stipule < *or, il arrive que, comme nous allions à la prière, une servante de Dieu qui avait un esprit de python et qui, en prophetisant, procurait à ses maîtres un grand gain, vint au devant de nous. Et marchant après Paul et nous, elle criait, disant : ces hommes sont des Exclaves du Dieu Très-Haut, qui vous annoncent la voie salut. Elle fit cela pendant plusieurs jours. Mais, Paul, affligé, se retourna et dit à l'esprit :*

je te commande au nom de Jésus-Christ de sortir d'elle. Et à l'heure même même il sortit. Mais ses maîtres, voyant que l'espérance de leur gain s'en était allé, ayant saisi Paul et Silas les trainerent dans la place publique devant les magistrats. > ces écrits de Paul démontrent clairement la présence de l' esprit de serpent dans la femme. Cet esprit reconnaît les vrais et les faux serviteurs de Dieu. Par sa présence dans le corps de la femme, le serpent exerce des activités diverses. Pour le cas d'espèce, il procurait des gains par les prophéties qui ne viennent pas de l'Esprit-Saint . Ces femmes-serpents sont en grand nombre dans nos sociétés et, elles egarent par des fausses prophéties. Leur plus grande faiblesse qui est un élément détecteur de la présence du serpent, c'est qu'elles sont impudiques. Ce qui fait que beaucoup de prophetesses se saisissent de cette arme pour détruire les communions de Dieu avec ses enfants.

3. Pour le cas de la femme de Job

   Le serpent est entré en elle. Job 2 : 9 < Et sa femme lui dit : Restes-tu encore ferme dans ta perfection ? Maudis Dieu et meurs. > Ce discours malicieux de sa femme n'avait pu rompre la fermeté de Job pour l'amener à trahir son Dieu. Pourquoi, la mort de Job était-elle une solution pour le gain de sa femme ? L'objectif était de voir Job rompre sa communion avec Dieu. Et, étant donné que sa communion est rompue,c'est à dire que la protection de Dieu n'y est plus et Job deviendra la proie facile pour son maître.

4. Au jardin d'Eden, le serpent ne procéda pas brutalement devant Eve. Un dialogue méthodique impliquant des questions insinueuses, des propos quelques peu rassurants etc. Avec cet arsenal d' armes, le serpent réussi à gagner la bataille. À ce jour, le serpent-femme procède de la même manière. Ce qui justifie le motif stigmatisé ci-haut en introduction sur la prise de conscience et, surtout sur l'éveil de tout un chacun.

C'est dans cette logique que les femmes-serpents s'activent à détruire des ministères, des foyers, des entreprises etc. Elles mettent en moule les dons spirituels des serviteurs de Dieu et des révélations.
Si une femme est habitée par un esprit de serpent, elle est prête à mordre et elle agi de la manière la plus inattendue. En ce moment-là, elle répond à ce que Jésus-Christ disait d'elle, une race de vipère.
La descendance de Caïn qui a détruit la terre. La femme fait échouer beaucoup de choses voire même fait que des projets soient inachevés, etc. Ces femmes-serpents ont détruit des temples de Dieu par l'impudicite, la fornication, le mensonge mieux la sizanie etc. Ce sont des lionnes qui sautent au bon moment et ratent rarement leurs objectifs . Et, beaucoup de serviteurs de Dieu en ont payé le prix du déshonneur suite aux venins des femmes-serpents. Par des cadeaux souillés en nature ou en espèces, elles se font ouvrir des portails fermés et entrent dans les cœurs des rois. Ces bénédictions entre guillemets ont égaré les

serviteurs de Dieu vers l'idéal du Christ ou des responsables d'entreprises vers leurs missions. Un fait retient notre attention lorsque nous regardons une femme-serpent.

Elle a tendance toujours à regarder en arrière comme fut la femme de Lot. Sa chrétienté, l'engouement spirituel ou son bon vouloir extérieur ne suffisent pas à ébranler cet esprit intérieur qui dicte sa conduite. Elle va en avant dans sa foi chrétienne mais qu'après quelques temps, elle revient à ses premiers pas comme la femme de Lot. Cette dernière est le prototype des femmes-serpents au foyer qui ont une vision contraire à celle de leurs maris. La présence de la double vision au foyer est porteuse de beaucoup de problèmes faute de l'unité des pensées et d'actions. En d'autres termes, si l'un ferme la porte de la maison par la prière, l'autre, la re-ouvre par le péché. Ce qui permet au diable d'y entrer et de prendre possession de ce foyer. Par l'entrée du diable au foyer, le destin de ce dernier rentre de droit entre ses pouvoirs destructeurs. Il fait ce qu'il veut dans cette famille de part son droit acquis par le péché commis l'un des partenaires au foyer ou dans l'entreprise. Cette entrée ne sera pas sans conséquence présente et future. Dans le présent, le diable va détruire l'harmonie et pour le futur, il va continuer à perpétrer la naissance d'autres serpents par la sorcellerie et tous les maux connexes dont l'adultère. La femme-serpent peut avoir deux ou trois partenaires à la fois. Par ce que fondant son comportement sur leur droit qui est celui de désobéissance à la Parole de Dieu. C'est pourquoi, Il n'est pas étonnant de voir dans nos sociétés, le droit à la liberté outrancière ou autre qui encourage l'homosexualité, le lesbianisme et autres fléaux décriés par les écritures Saintes. Mais est-ce à dire que toutes les femmes sont dans cette catégorie ? Il y a une frange qui s'emargent et adoptent le caractère d'Esther. En lisant Esther 4 : 7- 16, Esther a conscience de la communauté et prend à cœur sa responsabilité voire même au prix de sa vie. Ces femmes ont conscience de leurs rôles dans la famille et dans la société. Cependant, leurs actions demandent encore des efforts accrus pour qu'elles brillent dans ce trou noir de la honte créé par les femmes-serpents.

Pour atteindre toujours son objectif, les femmes -serpents ne résignent point sur les moyens. Elles peuvent se laver avec des fétiches pour séduire. Et, la conséquence de fois négative qu'on observe après s'être enduit de la substance des feuilles magiques est que la séduction atteint de fois même leurs papas , leurs frères d'où des cas d'incestes répertoriés dans nos sociétés. Ces femmes-serpents sont initiées aux pratiques fetichistes par leurs grands-mères ou tantes qui véhiculent ces traditions comme tant d'autres éléments culturels.
Les dites séductions sont à la base de destruction des foyers d'autrui. Pour la plupart, cet état de chose, les gênent mais elles ne savent plus s'en sortir. Pour la simple raison que l'entrée dans cette loge est plus facile que la sortie.

Que les hommes sachent que s'ils arrivent à détester leurs femmes ou à afficher un comportement contraire aux principes de mariage, Il y a lieu

de comprendre qu'il y a l'activisme des femmes-serpents. Il faut regarder si un serpent n'est pas au coin de la chambre.
Mais que faire de cette femme ?
Comment l'identifier ?
Le serpent, c'est la femme.
Le Satan, c'est la femme. Donc, le serpent, c'est le Satan.

Mais, pourquoi est-ce que Satan utilise plus la femme ? La raison est simple, c'est par ce que le diable sait que l'homme aime beaucoup la femme. À entendre la poésie de l'homme lorsque Dieu créa la femme tiré de son côte. Et aussi, la femme se sait aimer par l'homme. Par ce fait, elle est l'arme indiquée pour la destruction de l'homme en particulier et de l'humanité en générale.

Au delà des souffrances et des malheurs causés par le serpent et, qui accablent les hommes et femmes dans ce monde , d'autres malheurs nous arrivent pour nous ouvrir les yeux et, nous permettre de réorienter notre marche avec Dieu.

TÉMOIGNAGES

1. Lors de mon affection à Kolwezi en qualité d'agent de l'immigration, j'avais très mal perçu cette affection qui me sortait d'un poste frontalier qui est plus envieux par tous pour des motifs pécuniaires .Mais c'est à Kolwezi, que j'ai appris à chercher Dieu en profondeur consécutivement à la précarité de la vie.Et enfin, je suis devenu Pasteur-Écrivain. Exode 14 : 14- 16 dit que le vœu de l'Eternel est de nous voir continuer à marcher. Ne point s'arrêter malgré les obstacles.
   Le serpent avait mordu mon travail et, il l'avait détruit. Mais, j'ai fini par comprendre de quelle manière le serpent s'était infiltré dans ma vie pour détruire mon travail. Il est entré par la femme.

2. Le serpent est le porte-malheurs des enfants de Dieu. Mais par dessus tout, le bonheur est à venir.

   Mon premier mariage s'était rompu. La femme entreprenait le petit commerce entre les deux capitales les plus rapprochées du monde, à savoir, Kinshasa et Brazzaville. C'est dans cet exercice de va et vient qu'elle se fera prendre par un plus nanti financièrement que moi me laissant avec deux gamins dont l'aîné avait de 2 ans et le cadet avait une année.
   Le deuxième mariage a suivi le même schéma pour autant qu'elle faisait le commerce des vivres entre Tunduma en Tanzanie,

Lusaka en Zambie et la République Démocratique du Congo dans la ville de Lubumbashi. Elle aussi a été séduite et, a quitté le mariage.

Parallèlement à qui semblait être des déboires pour moi , le Seigneur me préparait pourtant à son service. Il fallait qu'il envoie son ange comme il dit dans Exode 23 : 23 < car mon ange ira devant toi, et t'ameneras vers l'Amoreen, et le Hétien, et le Pherezien, et le Cananeen, le Hévien, et le Jébusien, et je les exterminerai. > Car, ces témoignages ne pouvaient tant que ces ennemis de Dieu seraient encore pour étouffer le plan de Dieu. Et, son ministère s'est enrichi de ces témoignages qui édifient.

Beaucoup de personnes adorent les femmes . Elles sont chantées par des musiciens voire louer par des lettres de poésie etc.
À considérer la chose dans son aspect spirituel, ce n'est pas normal. C'est le serpent qui domine dans ces maisons et orchestres. Cependant, la Bible dans 1 corinthiens 7 dit que l'homme est le maître de la femme et, non le contraire. Beaucoup de règles ayant trait à la cohabitation entre l'homme et la femme sont enseignés. L'égalité des sexes est l'œuvre de l'anti-christ. Les œuvres du serpent sont manifestes dans nos coutumes africaines et, congolaises en particulier. Il y a des femmes qui chassent les membres de famille du mari du toit conjugal et ce, de quelle autorité ? Il est fréquent de voir le Papa de la maison donné des

ordres aux enfants pour la bonne conduite de ces derniers mais, que ces ordres sont repoussés par la maman.

Autant d'actes qui montrent la primauté de la femme-serpent sur l'homme. C'est dire que si la femme prend le dessus dans un foyer, c'est la démonstration flagrante du serpent qui est à l'œuvre. La supériorité de la femme sur l'homme ne peut être comprise comme il est coutume de voir dans d'autres sociétés où les couples cohabitent dans l'harmonie et, de fois l'homme de lui-même peut prendre la charge des travaux menagers en week-end etc.

Mis à part le fait que le serpent est le diable en personne, il s'exteriorise dans les femmes-serpents par la démarche qui fait basculer les reins de gauche à droite ou par un comportement d'insolence notoire, d'habillement à cachet de serpent ou encore par les cachets dans le corps humain.

Le serpent est présent partout. Il est sur la route. Il est au travail. Il est même dans l'église. Observez-le par son langage dubitatif. Il sépare pour apprivoiser, il affaiblit et, enfin il tue.

C'est dans cette logique que les femmes-serpents séparent les enfants du premier mariage à ceux du second ; les maris de leurs familles ; les maris de leurs collègues de service et amis en vue de récupérer sa proie pour la sacrifier. Pourtant dans 1 Pierre 3: 4- 10 il est dit < *la beauté impérissable d'un esprit doux et paisible, à laquelle Dieu attache un grand prix. Car, c'est ainsi que se paraît autrefois les saintes femmes qui plaçaient leur espérance en Dieu, et elles étaient soumises à leur mari. Tel était, par exemple, le cas de Sara : dans son obéissance à Abraham, elle l'appelait : mon Seigneur. >*

En définitive, faut-il combattre un serpent par un autre serpent ?
Le serpent de Moïse avait avalé les serpents de Pharaon. Dans ce contexte, le serpent de Moïse était venu à point nommé pour révéler la nature reelle du dieu égyptien qui était le serpent. Il fallait cette épreuve de force pour prouver que le Dieu de Moïse est le véritable Dieu, le Tout-Puissant contrairement à la croyance égyptienne qui plaçait Pharaon au rang de dieu soleil. Aussi, pour tout le monde sache que le dieu égyptien est le serpent.

1.5. **LE SERPENT ET L'HOMME**

La nature humaine est incapable de s'opposer aux assauts belliqueux du serpent à moins d'être habité par le Esprit-Saint.

2 Thessaloniciens 3 : 6 dit que < *Mais nous vous enjoignons, frères, au nom de notre Seigneur Jésus Christ de vous retirer de tout frère qui marche dans le désordre, et non pas selon l'enseignement sur la sanctification ; sur le pardon et sur l'amour. "*

Ce qui est contraire aux désirs de la chair *que professent l'homme-serpent. Cet homme-serpent est mieux identifié par et dans ses œuvres. D'autant plus que le diable se sert de ces hommes soient-ils pasteurs, responsables d'entreprises etc. pour conduire les autres dans l'egarrement.*

Tel est le cas relaté dans 2 Rois 5 : 20 < Et Guehazi, le jeune homme d'Elisee, homme de Dieu, dit : Voici, mon maître a épargné Naaman, ce syrien, en ne prenant pas de sa main ce qu'il avait apporté ; l'Eternel est vivant, si je ne cours après lui, et si je ne prends de lui quelque chose. >

Le serpent avait inocule à Guehazi le venin d'envie qui avait opéré en lui et, a dicté son comportement qui est d'ailleurs contraire aux principes de son maître qui ne suivait que la voix de Dieu. Ce caractère du serpent est fréquent dans beaucoup d'hommes et, est la clé de leur destruction. Quitter les principes de Dieu est la même démarche que le serpent met en place pour sortir toute l'humanité du plan de Dieu. Vous avez observé que depuis la genèse jusqu'à apocalypse, un seul combat est celui-là.

Dans 1 Rois 13 : 11- 19, il s'observe le même caractère du serpent dans l'homme. Voici le libellé < *Et un certain vieux prophète habitait Bethel ; et ses fils vinrent et lui raconterent toute l'œuvre que l'homme de Dieu avait faite ce jour là à Bethel ; les paroles qu'il avait dites au roi, ils les rapporterent aussi à leur père. Et leur père leur dirent : Par quel chemin s'en est-il allé ? Et ses fils avaient vu le chemin par lequel s'en était allé l'homme de Dieu qui venait de Juda. Et il dit à ses fils : scellez-moi l'âne ; et ils lui scellerent l'âne, et il monta dessus. Et il s'en alla après l'homme de Dieu et le trouva assis sous un terebinthe ; et il lui dit : es-tu l'homme de Dieu qui est venu de Juda ? Et, il dit : c'est moi. Et il lui dit : viens avec moi à la maison, et mange du pain. Et il dit : je ne puis retourner avec toi ni rentrer avec toi, et je ne mangerai pas de pain et je ne boirai pas d'eau avec toi dans ce lieu. Car il m'a été dit par la Parole de l'Eternel : Tu n'y mangeras pas du pain, et tu n'y boiras pas d'eau ; tu ne retourneras pas, en t'en allant, par le chemin par lequel tu es venu. Et il lui dit : Moi aussi je suis prophète comme toi, et un ange m'a parlé par la Parole de l'Eternel, disant : Fais- le revenir avec toi à ta maison, et qu'il mange du pain et boive de l'eau. Il lui mentait. Et, il retourna avec lui, et mangea du pain dans sa maison, et but de l''eau.* >

Le serpent est entré dans le vieux prophète pour égarer la vision du jeune prophète. Il est repris clairement dans ce texte qu'il lui *mentait.* Le père du mensonge est entré en action dans le vieux prophète pour le conduire à la rébellion face à la vision de l'Eternel. Et pour avoir quitté la vision de l'Eternel qui est sa Parole, la sentence tomba comme un coup de foudre. < *pour avoir été rebelle à la Parole de l'Eternel et que tu n'as pas gardé le commandement que l'Eternel, ton Dieu, t'avait commandé, ton cadavre n'entrera pas dans le sépulcre de tes pères.* >

Le vieux prophète a procédé par un discours malicieux, tortueux et, séduisant pour égarer le jeune prophète.

Combien de Saul sans onction avons-nous dans nos ministères qui egarent les fidèles ? Tels sont les prophètes, pasteurs disciples du serpent qui recrutent pour la magie, l'occultisme etc.

Un homme peut causer des dégâts terribles aux autres hommes et ils causent des dégâts irréparables tel fut le vieux prophète face au jeune prophète. Vous avez remarqué que le vieux prophète avait présenté un amour au jeune prophète. Il lui a dit combien, il compatissait à sa douleur. Mais au delà de cet amour se cache la fourberie, la mort.

1.6. **Le serpent et les jeunes (filles et garçons)**

Le serpent n'épargne aucune couche de la population ni aucune catégorie de personnes. Les jeunes enfants soient-ils garçons ou filles de n'importe quelle frange d'âge est la cible du serpent. Cette couche est la pépinière pour des actions destructrices futures.

Pour ce faire, il attaque cette frange de la population par plusieurs types d'armes. Les armes les plus utilisées sont l'argent, le succès dans le sport, la musique et aux études etc. Ce sont des canaux indiqués pour briser les barrières de cette jeunesse et en faire sa proie.

Connaître que cet enfant est mordu par le serpent, il faut se référer aux indications différentes selon les milieux socio-culturelle et socio-économique ou autre. Il y a des milieux des parents riches où les enfants sont contaminés par leurs propres géniteurs s'ils sont dans les sectes ou loges mystiques. Parce que ces enfants, de part, la fortune des parents ne peuvent pas côtoyer les enfants des couches pauvres déjà indexés comme porteurs des virus de serpent. Pour les autres enfants qui vivent dans les bidons villes, dans les quartiers pauvres, le serpent les recrutent facilement à coup d'argent, de morceau d'étoffe, d'un plat alimentaire etc. Et, vous les verrez arborer les insignes distinctifs de leur Maître. Pour les uns, les tatouages corporelles, le mensonge, les pratiques incestueuses voire même la luxure. Et, pour les magies et la sorcellerie pour continuer à donner naissance à d'autres serpents.

Il y a des milieux spécifiques où se communiquent ce virus. Souvent, c'est lors des cérémonies festives, dans les milieux universitaires, dans les milieux professionnels, dans les concerts des musiques etc. Ce venin étant reçu, ouvre la voie à la magie puisque l'assise biblique est détruit ou n'est pas suffisamment solide par des enseignements et croyance autre que la foi en la Parole de Dieu.

Raison pour laquelle Ecclésiaste 12 : 1- 3, 7 crie en s'adressant à la jeunesse " souviens-toi de ton Créateur dans les jours de ta jeunesse, avant que soient venus les jours mauvais et avant qu'arrivent les années dont tu diras : je n'y prends point plaisir ; avant que s'obscurcissent le soleil, et la lumière, et la lune, et les étoiles, et que les nuages reviennent après la pluie ; au jour où chôment celles qui moulent, parce qu'elles sont en petit nombre et où ceux qui regardent par les fenêtres obscurci " verset 7" et que la poussière retourne à la terre, comme elle y avait été, et que l'esprit retourne à Dieu qui l'a donné. "

Cet avertissement vaut son pesant d'or pour la jeunesse de reconsidérer ses voies.

À ce stade, l'apport des parents mieux de l'église est capital pour sauver par l'encadrement cette couche de la population innocente. Mais qui subit les affres du serpent dans leur vie. Les associations qui encadrent les enfants font un travail en amont et en aval. C'est une nécessité et une action à encourager.

1.7. **Quelques objectifs du serpent**

Les objectifs du serpent ont été déjà cités précédemment. Notamment la destruction de la femme, de l'homme et des enfants. À cela s'ajoutent des structures d'encadrement des âmes dont les églises, les associations, les entreprises, les gouvernements et surtout les familles.

Le diable est malin. Dans nos églises, ces émissaires se présentent comme des personnes très pieuses dans le but de s'attirer de la sympathie. Mais, au-delà de cette forme extérieure, la leçon que Abigael donne à toute l'humanité est toujours présente. Lorsqu'elle avait reçu dans sa maison le tueur des enfants d'Israël. Dans la plus grande modestie, Abigael se saisit de la personne qui était déjà essoufflée et la tua.

Cette histoire devrait guider notre comportement vis à vis de ces personnes. Ces personnes nous viennent avec la peau de l'agneau mais en elles, il y a la rancœur, la haine, la mort. Cela veut dire qu'au delà du goût du boisson sucré, il y a le goût amer .

En d'autres termes, le serpent par personne interposé parle comme des personnes normales. Il touche à la Bible, d'ailleurs beaucoup de feticheurs et autres charlatans en utilisent pour égayer, égarer les enfants de Dieu. Et, même il peut enseigner. Satan n'avait-il pas rappeler à Notre Seigneur Jésus-Christ les écritures Saintes lors de sa tentation ?

Cependant, il est toujours nécessaire de vivre avec ses personnes pour découvrir leurs identités. La présence de l'Esprit-Saint en nous permet de découvrir la nature interne qui est son identité. Pour autant que le serpent est un esprit impur , seul un Esprit Supérieur a la capacité de le démasquer.

L'esprit du serpent est caractérisé par le mensonge ; l'hypocrisie ; le vol ; et tous les autres maux suffisamment exposés dans la Bible etc. Le serpent joue des rôles différents auprès de ceux qu'il a captivé. Beaucoup de personnes se servent du serpent pour des besoins lucratifs. Tel est le cas de la femme qui avait l'esprit de python dont les écritures Saintes en ont fait allusion.

Parlant de la ruse ou de l'hypocrisie, le serpent se manifestant au travers ces attributs pour atteindre ses objectifs par des procédures lugubres. Il jette un regard à gauche puis à droite. De fois, il soulève sa tête et prend tout le temps nécessaire pour mesurer la distance qui le sépare de l'objectif. Il réalise les obstacles et prends des dispositions pour éviter que ces obstacles ne l'empêchent à atteindre cet objectif. Il développe son armada pour détruire une fois pour toute cet objectif.

C'est, ce modèle d'approche que le serpent-homme, serpent-femme ou le serpent-enfant adopte pour attraper la proie.

Dans la société communautaire, le serpent peut procéder par des cadeaux, en signe de gentillesse, d'amour voire même de générosité. Des invitations aux cérémonies de mariage, des voyages souvent

éloignés dans l'objectif de séparer sa cible du milieu naturel et par ce fait, la cible est affaiblie et il s'en sert éperdument et sans pitié.
Toutes ces opportunités que le serpent offre à la cible vise un seul objectif à savoir donner la mort. La mort n'est pas toujours physique mais elle peut être spirituelle dans la mesure où l'on peut constater la mort d'un Ministère, d'une entreprise, des études, d'un mariage etc.
D'ailleurs beaucoup de mariages de fait, sont contractés dans ces conditions. C'est à dire que l'homme où la femme eloigne son partenaire de son milieu, ils peuvent quitter la République Démocratique du Congo pour un séjour de noces aux États-Unis ou quitter son pays, sa ville pour une autre ville pour finaliser leurs pactes de mariage.
Forcer mieux envoûter par ces conditions, des mariages sont unis. Mais, c'est sans un véritable amour. On y est tombé mais à la longue la femme-serpent après avoir réalisé sa mission s'en va et laisse derrière elle, les pleurs et des grincements des dents. Parce qu'elle a donné la mort en contraignant à la cible de faire le contraire de la volonté de Dieu.

Le serpent se sait persévérant et surtout persuasif. Tant qu'il n'a pas encore atteint son objectif, il ne quitte pas d'un pas sa cible. Il la surveille et patiente. Ce qui fait que vous pouvez constater à titre illustratif, dans nos églises des personnes fidèles et présentes dans toutes les activités de l'église,elles contribuent financièrement avec des libéralités, elles sont à la construction, prêtes à servir les serviteurs de Dieu mais curieusement un fait saute aux yeux est que ces personnes ne grandissent pas spirituellement. Elles tournent à rond. C'est un indice visible d'une personne serpent.

Il est de notre devoir de se séparer du serpent ou encore de séparer le serpent d'autres personnes qui craignent Dieu. La chanson du Chantre Nwanza Pitchou du Congo-Kinshasa est très illustratrice. Il parle dans sa chanson chrétienne de L'ingratitude du serpent. Un serpent de type " boa" était pris au piège par un arbre mort. Cet arbre lui était tombé dessus. Il cherchait du secours à qui pouvait le sortir de cet étau. Pris de compassion, la chèvre qui passait se résolu de sauver la vie de ce boa. Après l'avoir tiré des décombres de ce tronc d'arbre mort, le boa se retourna contre la chèvre et après s'être enroulé sur la bête, ouvrit sa bouche pour l'avaler. Malgré les multiples supplications de la chèvre de ne pas l'avaler et, qui se demandait s'elle avait mal fait de le sauver de la mort. Mais, le serpent rétorqua qu'il avait faim et qu'il n'avait pas à se plier à ses explications ni supplications et il ne pouvait lui accordé une réponse satisfaisante à sa demande de pardon.
Au moment ou ils discutaient que un autre animal de la forêt appelé la gazelle surgit et, voulu comprendre les motivations de leurs altercations. Après avoir entendu les deux parties, la gazelle dira que pour s'en convaincre et pour lui permettre de trancher sur cette affaire, il faudrait lui permettre de revivre la scène telle qu'elle était.
À ces mots, le boa se délia de la chèvre et s'étala par terre. Et, la chèvre replaça le bois mort sur lui.

La gazelle voyant cela , confirma que réellement le boa était dans le besoin d'un secours. Car sa vie en dépendait . Mais à cause de son ingratitude, la gazelle ordonna à la chèvre de continuer son chemin et, le boa trouva la mort sous ce bois mort.

Cette histoire qui provient des contes africains explique clairement le comportement du serpent. En lui, il n'y a pas les fruits de paix, d'amour, de bonté etc. Il est prêt à rendre le mal pour le bien.

Dans son axe du mal, le serpent utilise très fréquemment la femme pour réaliser ou rendre des comptes à ses détracteurs. Combien de missions de destruction sont confiées aux femmes pour empoisonner, salir la réputation des personnes crédibles dans nos sociétés ? Combien de faux témoignages sont l'œuvre des femmes ? Combien de responsables des sociétés ont perdu leurs emplois à cause des femmes ? Combien de familles africaines sont disloquées par les femmes ? Etc.
Pour arriver à ces prouesses, la femme n'agit pas à distance. Elle s'approche toujours de plus prêt. Elle s'offre elle-même, elle feint de se perdre mais tout en sachant ce qu'elle fait. Elle a un sixième sens très développé avec projection dans l'avenir.

Par rapport à nos communautés africaines et congolaises en particulier, il est possible de vivre des scènes anachroniques mais qui sont fondatrices de la mort. À titre indicatif, une femme peut venir vous demander une boîte d'allumettes ou un fer à repasser pour ses besoins domestiques. Le communautarisme oblige. Cette demande peut paraître normale et, à titre humaniste, il faille répondre positivement à cette demande. Mais, il faut savoir que tout geste de la femme est calculé, chronométré. Ce geste est un pas vers son objectif. C'est un moyen pour s'approcher de sa proie éventuelle. Cet échange de boîte d'allumettes ou fer à repasser peut permettre à la femme de sortir des propos envoûtants, séduisants etc. L'envoutement entendu comme étape dans la pratique de la sorcellerie qui détruit le fonctionnement normal de la connaissance et du raisonnement. Par L'envoutement et à cause de lui, toutes les références cosmiques sont perdues. La prise de décision est faite à un autre niveau cosmique. Ce qui fait que même le langage est infecté et affecté. Ces gestes bénins peuvent vous rendre ridicule et détruire votre personnalité. Comme chez nous, les femmes n'ont pas des secrets, elle va véhiculer des faux bruits sur la personne jusqu'à ce que son mari soit saisi et, c'est un début de problèmes pour le pauvre Monsieur qui n'avait agi que généreusement.

Constamment, le serpent est manifesté dans la femme. Il l'utilise selon les buts à atteindre. De fois, la femme le place dans son sexe pour avaler les spermatozoïdes des hommes. Auprès d'autres femmes, le serpent est placé dans son sexe pour causer la stérilité.

Parfois, le serpent est enroulé sur les aisselles des hommes, c'est pour détruire les femmes d'autrui en les rendant infidèles au foyer. Dans le commerce, le serpent est utilisé pour voler les marchandises ou l'argent des autres commerçants. Autant d'utilisation dans les relations communautaires.

Et, comme une chienne pendant la période d'ovulation qui dégage une odeur permettant aux chiens de la suivre, ainsi l'odeur du péché permet au serpent de se saisir de sa proie. C'est ce qui fait que lorsque vous tomber dans l'adultère par exemple, cet esprit de serpent va chercher d'autres plus puissants et votre vie d'infidélité va aller de mal en pis. Et, la destruction sera totale.

II. STRATÉGIES D'ATTAQUES DU SERPENT

2.1 Doctrine de Pharisien,
Autre forme du serpent.

Le serpent se sert de plusieurs stratégies pour atteindre ses objectifs . Et ce, selon les milieux et catégories et couches de la population.
Le pharisianisme est une doctrine qui tire sa saveur compréhensive de Pharaon. Le dénominateur commun de ces deux mots, c'est le serpent qui est le père du mensonge qui les rassemble et les fait ressembler.
Cette doctrine consiste à inculturer la Parole de Dieu. En ce que l'inculturation transfuge les éléments de la coutume dans la Parole de Dieu. Tout élément nouveau dans la Parole de Dieu dénature, torture la vérité et surtout égare plus d'un dans le chemin du Seigneur. C'est ainsi qu'ils mêlent des doctrines scientifiques, philosophiques, anthropologiques dans le seul but de plaire par un verbiage succulent mais tendancieux pour la simple raison que ces discours sont cousus dans la visée de destruction.

Pour raison de commodité humaine, les sadduceens, les publicains ne pouvaient pas partager la nouvelle philosophie d'amour apporté par Notre Seigneur Jésus-Christ. Ce denier, mangeait avec les pauvres que eux qualifiaient des pécheurs. (Marc 2 : 15- 17). Au verset 17, il est dit " *l'ayant entendu, leur dit : ceux qui sont en bonne santé n'ont pas besoin de médecin, mais ceux qui se portent mal ; je ne suis pas venu appeler des justes, mais des pécheurs."*

Les pharisiens sont spécialistes dans les règles coutumières. Ils les respectent tout en ignorant la loi divine qui est celle de l'amour.

Le discours tortueux des pharisiens est actuel. Il se distille dans des prédications et autres dialogues pour séduire ; pour condamner, pour véhiculer l'esprit de la coutume. Leurs enseignements suscitent toujours de la curiosité sans arriver à satisfaire. Cette recherche effrénée est un apat. Contrairement à la Parole de Dieu qui étanche la soif du savoir et du connaître.

Le pharisien est un questionneur. Dans cet art interrogatoire, il applique le schéma du serpent et de Eve au jardin d'Eden.
Pharisien et Pharaon sont semblables et marchent ensemble. Ce qui est à l'un se retrouve dans l'autre.
Un pharisien est comme un voleur arrêté par les services de la sécurité où de la Police. Il présente la forme innocente, ayant une belle figure mais c'est une très dangereuse personne.

Les pharisiens sont des contradicteurs. De même que Pharaon le fut lors de la libération des enfants d'Israël en Égypte. Il a contredit Moïse de toutes les façons. Ce parallélisme est notoire entre Pharaon et pharisiens. Pour les deux, c'est la séduction qui est le maître mot.

On peut retrouver des pharisiens dans nos communautés.
Des exemples sont nombreuses. Monsieur x vivant avec une femme en concubinage et, sachant qu'il va la quitter, se résout de l'aimer fortement. Il feint de l'aimer en cachant sa véritable face. En ce moment là, il prend les allures de serpent pour ne pas se faire repérer. Il fait quelques pas puis il s'arrête. Déplace une chemise puis le pantalon et enfin, sa valise sera vide pour avoir tout sorti. Tout ce comportement lui dispose à ne jamais marcher droit. L'hypocrisie a envahi son cœur. Ces personnes qui ne marchent pas dans la vérité sont des serpents. Nous sommes avec elles. Elles marchent comme des prostitués qui changent de nature et ce, au goût de leurs offrants.
Bien que Dieu ait donné à la personne de l'intelligence pour choisir le bien, la personne a choisi de devenir serpent qui est un animal.

Ne pas avoir en soi ce qui appartient au diable devrait constituer le cheval de bataille de tout enfant de Dieu. Notre Seigneur Jésus christ ne disait- il pas que le diable vient mais je ne crains rien parce qu'il n'y a rien du diable en moi.
Considérons que le serpent mord à la hauteur de sa taille. Jean 5 : 8 nous recommande de se lever et de marcher. Il faut quitter la position qui permette au serpent de te mordre. La position de péchés qui favorisent ces morsures.
Il faut Parailleurs, s'armer de la Parole de Dieu et, cette dernière va neutraliser le venin du serpent.

Actes 5 : 2- 9 relate l'histoire d'Ananias et de Sapphira son épouse qui avait le venin du mensonge en eux et la conséquence de leurs turpitudes était la mort.

Dans le monde actuel, le serpent agit à découvert. Mais, l'aveuglement des enfants de Dieu fait que nous ne le voyons pas.
Dans nos quartiers, communes, il est fréquent de voir des affiches des serpents.
Ces guérisseurs affichent leurs identités mieux la source de leur pouvoir. Malheureusement, les yeux physiques ouverts mais les yeux spirituels fermés, des milliers des malvoyants continuent à fréquenter les dits milieux.
Dans l'Égypte ancienne, le serpent était le porte-étendard dans la couronne du pharaon. Cette démonstration ostentatoire n'avait vexé qui que ce soit. Le danger était là. Comme, il l'est aujourd'hui. Ouvrons bien nos yeux et hatons-nous de quitter ces milieux de la mort.

Outre la reconnaissance physique du serpent, plusieurs faits spirituels dénotent de la présence du serpent dans nos familles, entreprises etc.

1. Lorsque vous constaterez que le blocage a élu domicile dans votre famille, entreprise ou certaines situations anormales ont perduré dans votre maison, etc Dites-vous que le serpent à l'œuvre.

2. Lorsque vous tournez à rond sans savoir l'orientation dans les affaires, entreprises, études etc c'est un indice de la présence du serpent.

3. Lorsque vous vivez une léthargie, une stagnation dans votre ministère. Il n'y a pas d'avancée. Les prophéties se déclarent à tout moment. Il y a intérêt à interroger le Seigneur.
Puisque des faux prophètes marchent comme des serpents. Il y a des prophèties qui sont maintenant orientées dans le but de séduire ou d'egarer. Elles brillent pour les uns et tantôt sombres pour les autres. Les différenciés des feticheurs est un exercice très difficile. Pour la simple raison que tous les deux prophetisent.

Le serpent ne marche pas dans la vérité. Il se complaît aux endroits diffus, confus et ténébreux. C'est dans ses milieux qu'il détruit la semence de la femme. Il y a, à cet effet, des personnes qui sont semblables aux serpents.

Un serpent parle avec détour. Sa marche consiste à prendre des âmes pour l'enfer.

2.2. NOUVELLE NAISSANCE, NOUVELLE MARCHE

La marche est un exercice qui consiste à parcourir une distance partant d'un point A vers le point B. Marcher est contraire à la position immobile.

Dans les idées qui viennent, il sera plus question d'effectuer un mouvement positif vers la lumière, vers la restauration, vers la récupération de sa position initiale puisque Dieu a crée toute chose bonne. Il faut marcher pour réparer c'est à dire se remettre à nouveau comme l'enfant prodigue dans le texte de Luc 15 : 11-24. Au verset 18-19, cet enfant dira < je me lèverai et je m'en irai vers mon père, et je lui dirai : Père, j'ai péché contre le ciel et devant toi ; je ne suis plus digne d'être appelé ton fils ; traite-moi comme l'un de tes mercenaires. >. Il sied de récupérer son siège de gloire. Pour la simple raison que le serpent nous a engouffré dans la boue, dans la désobéissance vis à vis de l'Eternel. Notre marche est déterminante pour tout le processus futur.

2.3. MARCHE AVEC DIEU DANS L'ANCIEN TESTAMENT

Malachie 3 : 17 dit que celui qui sert Dieu doit être accompagné de la puissance de la différence. Différence d'avec les mœurs ; us et coutumes du serpent. La marche d'un enfant de Dieu ne doit pas être semblable avec la marche d'un homme ordinaire.

Abraham avait marché dans la vision de Dieu. Et, tous ses chemins avaient réussi. Henoc avait aussi marché avec Dieu et, il est l'exemple de vie heureuse avec Dieu pendant plus de 365 ans. Psaumes 25 : 10 stipule que tous les sentiers de l'Eternel sont gratuite et vérité pour ceux qui gardent son alliance et ses témoignages.

Et, c'est à juste titre que Deutéronome renchérit dans son 4ème chapitre, versets 2 à 6, disant que :< regarde, je vous ai enseigne les statuts et les ordonnances, comme l'Eternel mon Dieu me l'a commandé afin que vous fassiez ainsi au milieu du pays où vous allez entrer pour le posséder.> Au verset 6, il poursuit en disant que : < car, ce sera là votre sagesse et votre intelligence aux yeux du peuple. >

Il se dégage de ces écrits que la Parole de Dieu est la loi fondamentale des enfants de Dieu.

Ainsi, en marchant dans le stricte limite de cette loi, cette dernière nous procure la sagesse, la protection, la connaissance, l'amour de Dieu et toutes les bénédictions liées à l'obéissance de cette loi. La loi est le miroir qui nous remet quotidiennement en question pour le salut de notre âme. Pour cette raison, qu'il faut abandonner tout ce qui est du serpent en nous. Que cela soit une quête permanente.

Cela n'est possible qu'en étant éclairé par la lumière. Cette lumière permet à chaque personne de voir clair et de se poser des questions telles que :

- Où suis-je ?
- Avec qui suis-je ?
- Comment suis-je ici ?
- Pourquoi suis-je ici ?
- Etc.

La lumière, c'est la vérité. Et, la vérité, c'est Jésus-Christ de Nazareth.

C'est elle qui va te situer et, te donner la réponse à plusieurs de tes interrogations restées pendantes trop longtemps. Marcher dans la lumière, c'est adopter un certain nombre d'attitudes et comportements susceptibles de défier le serpent. Notamment le fait d'abandonner la vieille casquette ; la pirogue ; le péché chéri etc.

C'est aussi prendre la décision de ne plus rentrer en Égypte, creuset de la fornication, de l'occultisme, du maraboutage, des anti- valeurs, de la désobéissance envers Dieu. Ce retour ne peut se comprendre seulement dans son volet physique mais même spirituel. C'est à dire que rentrer même en pensée où tu te remémores les actes obscènes que tu pratiquais avec les femmes ou avec les hommes.

Si dans le temps, votre bouche était habituée à sortir de blagues peu betisantes, dans la nouvelle naissance, ces pratiques ne sont plus de mises. Pour la simple raison que votre bouche devient celle d'un oint de Dieu où ne sortent que de l'eau pure.
Voire même, continuer à solliciter un bien, service à une dame ou à un homme dont vous aviez l'intention de faire tomber dans le péché. L'intention au mal est déjà un péché. Il faille s'abstenir de ces pratiques . C'est ça, le venin qui conduit à la mort. C'est la marche de *milong ya pansh pansh* en Rund, langue d'une tribu de la Province du Lualaba; qui veut dire une marche ou un comportement sournois; indéfinissable. C'est comme un serpent à deux têtes où l'on ne sait la direction qu'il veut prendre.

Pour tout cela, il faut monter comme Élie, le Prophète en abandonnant tout ce qui est encombrant, qui bloque votre envol vers la sphère spirituelle. Il faut des stratégies pour réussir face au serpent.
C'est notamment, le respect des interdits appelés communément *siri ya bu nabi* qui veut dire des secrets des prophètes. Ce sont des idées forces qui renforcent la connaissance pour vous épargner de tomber dans l'appât du serpent. Ces connaissances sont indispensables pour marcher sans plus heurter sur des pierres où tomber dans les obstacles placés par le serpent.

2.4. MARCHE AVEC DIEU DANS LE NOUVEAU TESTAMENT

La nouvelle naissance donne droit d'accès au royaume de Dieu. La nouvelle naissance n'est pas à confondre avec les titres de ce monde soient- ils dans le monde religieux. L'habit ne fait pas le moine. Mais, on reconnaît le moine par ses habits. Les titres d'évêque, de Pape ou de Président ou autres etc. ne sont pas la preuve de la nouvelle naissance. La nouvelle naissance est une transformation obtenue grâce à la Parole de Dieu. Elle est interne et se manifeste par la transformation intégrale de la personne. Cette dernière est libérée des prisons sataniques, elle est ressuscitée de la mort du mensonge, de l'alcoolisme, de l'infidélité et de tout manifestation du serpent. La Parole de Dieu aura enrichit la personne et lui aura donné une nouvelle identité.

Dans cette nouvelle naissance, le combat de la foi est au centre. Car, sans la foi, nous ne pouvons plaire à Dieu. Et, la foi est focalisé vers son Fils qui est Jésus-Christ de Nazareth. Son amour pour l'humanité est sans appel. Il était riche mais ne se vantait pas. Il était Roi qui avait accepté la flagellation de ses sujets. Il savait être trahi par Judas Iscariot mais continuait à l'aimer et à mettre avec lui la main dans un même plat. Il savait que Pierre allait le renier trois fois de suite mais priait pour lui afin qu'il ne soit pas criblé par Satan. À Jérusalem où il savait être arrêté et tué mais à cause de son amour pour nos âmes qui ont des valeurs inestimables aux yeux du Père, il partait tête baissée.

À celui- là, nous devons révérence à tout et pour tout.

Jésus-Christ est au centre de la marche aux temps actuels. Il est le modèle de notre marche. Pour ce faire, nous devons laisser sa volonté primé et prendre le dessus sur notre vouloir interne et externe. Il est avantageux de marcher avec lui.

Parce qu'il est le rémunérateur de ceux qui le cherchent. Il est Dieu fidèle et Tout-Puissant. Il est le même hier, aujourd'hui et éternellement.

Contrairement aux humains qui changent des identités et de vouloir selon les circonstances. Ils sont tantôt Georgette puis Obed et, enfin, ils deviennent décédés.

Nous sommes au temps de la fin. Puissions-nous, tous, se réfugier à Jésus-Christ. Lui qui nous rassure de ne craindre ni les terreurs de la nuit, ni la flèche qui vole de jour, ni la peste qui marche dans les ténèbres, ni la contagion qui frappe en plein midi (-) psaumes 91 : 5- 6

Ceux qui marchent dans la vérité sont du Christ. Le temps de la fin est arrivé pour ceux qui font le mal. Heureux qui me cherchent dit l'Éternel car le royaume de cieux est ouvert. Ce dernier est l'idéal de tout chrétien né de nouveau.

Les mages ont marché sous l'indication de l'étoile et, ils ont trouvé le Messie.

Pourquoi ton étoile est-elle éteinte ?

Cette question est souvent posée par les enfants de Dieu. Cependant, si votre étoile est éteinte, il sied de reconsidérer votre marche. Il est possible que vous ayez fait un arrangement avec Herode. Dès lors que Herode marche avec vous, il est normal que votre étoile s'éteigne. Le serpent est votre Herode. Il obscurcie votre destinée, il a la capacité de vous sortir du chemin de votre bénédiction.

Hier, vous étiez un Pasteur éclairé. Depuis que le serpent est entré dans votre vie, l'envoutement a élu domicile dans votre église et, des pratiques peu orthodoxes ont détruit votre vision. Des prophéties à longueur de journée, des parler en langue émanant des serpents etc.
Le ministère est tombé bas. Ces pratiques doivent laisser la place à l'Esprit-Saint.

Un enfant de Dieu doit marcher dans la sanctification. C'est l'anti-balles du diable et de ses démons et sorciers. La colonne vertébrale de la sanctification, c'est la vérité. Se savoir dans le péché et, y renoncer et abandonner.
Dans la sanctification, il n'y a pas d'hypocrisie. Car, il va de votre devenir dans l'au-delà.

2.5. NOUVELLE NAISSANCE, NOUVELLE MARCHE

Dans Jean 3 : 3 Jésus-Christ répondit et lui dit : *En vérité, en vérité, je te dis : Si quelqu'un n'est né de nouveau, il ne peut voir le royaume de Dieu. "*

Dans la marche avec Jésus-Christ, Marc 10 dispose d'abandonner quelque chose qui vous est chère. Beaucoup de personnes qui ont fait route ensemble avec le Maître se sont oubliés au détriment du Seigneur. S'oublier, c'est s'effacer. Il requiert une décision. Car, dans le monde, il y a plusieurs maîtres.
Le choix porter à Jésus-Christ est une option déterminante. Pour la simple raison que le serpent ne vous laissera point tranquille. Il va vous séduire par la parole et, au besoin il va vous injecter son venin par la pauvreté ; la maladie ; des condamnations ; des échecs etc afin de vous affaiblir pour vu que vous reveniez à lui. Il va vous réduire à la plus petite expression par rapport à vos amis de la génération ou par rapport à vos collègues de métiers. Toutes ces attaques visent un seul objectif, celui de vous égarer du chemin du salut. Tout en étant avec Christ, le serpent ne permettra nullement que vous viviez en paix. Puisqu'il sait qu'en vous laissant avec Christ, vous vivrez l'éternité. Ainsi, il se débat pour trouver un trou pour entrer dans votre vie et tout chambarder.

Cependant, au-delà de ces déboires de la vie causé par le serpent, tout chrétien né de nouveau doit regarder ce qui advient après son combat.

Pour ce faire, il faut être à l'écoute de Dieu et, avoir des yeux spirituels ouverts.

Ces problèmes peuvent détruire le corps, la réputation, les finances, les ministères etc mais qu'ils ne vous éloignent point de la volonté de Dieu.

En ayant une intelligence renouvelée , vous pouvez décoder le langage de Dieu sur une situation donnée.

Plusieurs leçons peuvent être reçues sur *la marche du serpent.* Particulièrement, savoir marché avec humilité, modestie et patience face au serpent.

Il est un animal cruel et mortel. Donc, il faut savoir quand réduire sa force. Comment le maîtriser et pourquoi le maîtriser.

Pour un chrétien né de nouveau, il ne faille pas tomber dans l'erreur d'entrer dans la cage du serpent. Il faut par contre, le tirer de son milieu naturel. Dès lors qu'il est hors de son milieu naturel, il perd 69% de sa force et, vous pouvez le maîtriser.

Pour un chrétien né de nouveau, son milieu naturel qui fonde sa force, c'est l'alliance signée avec Dieu.

Elle, qui oriente notre vision. Dans ce périmètre, le serpent ne pourra rien. Tel fut le cas de notre père dans la foi, Abraham qui n'avait point ménagé même Lot pour corrigé sa marche avec Dieu. D'où le succès de sa marche.

La nouvelle naissance à ce titre, n'est autre qu'une nouvelle marche avec le Seigneur.

Les choses anciennes sont passées pour adopter la vision éclairée de Dieu. Comme les rois mages qui avaient marché selon la volonté de Dieu et ils étaient parvenus à arriver à destination.

La nouvelle marche, c'est celle de vendredi Saint. C'est une marche de victoire au-delà des obstacles. Une marche qui brave des injures, des accusations gratuites, des faux témoignages, des flagellations etc.

La nouvelle marche équivaut à marcher non individuellement mais à marcher avec Jésus-Christ de Nazareth. Avec ce dernier, vous marcherez sur les serpents, les scorpions et sur toutes les œuvres des ténèbres.

La nouvelle marche, c'est emprunter la voie de Jérusalem et non de Jericho.

Notre Seigneur Jésus- christ donne des illustrations sur la marche des enfants de Dieu.

1. Le cas repris dans Luc 10 : 30- 37. Le Seigneur révèle le comportement des enfants de Dieu. L'axe qu'avait emprunté le brigand. Il a quitté Jérusalem vers Jericho. Lorsqu' un enfant de Dieu quitte Jérusalem, c'est à dire que lorsqu'il sort de la volonté de Dieu où lorsqu'il sort de l'église par exemple qui est

l'ambassade du Christ sur la terre pour Jericho qui symbolise le monde avec ses honneurs et ses désirs ; cet enfant de Dieu tombe toujours sous le coup des brigands. Il fera l'objet de *wanted* par le serpent. Il est recherché dans les bars, la fraude, la magie, l'adultère, la fornication, l'alcoolisme etc.

Le serpent ne dort point. Sa machine étant activée , elle cherche cet évadé de sa prison. Ce qui nécessite aux enfants de Dieu, c'est d'être éveillé et de prendre conscience qu'à chaque seconde, ils font l'objet de recherche du serpent. La prière est un outil indispensable pour être au même diapason spirituel avec Dieu.

La nouvelle marche, c'est de marcher droit. Le chrétien né de nouveau doit avoir un langage clair, sans détour ni hypocrisie.

Un témoignage pour étayer la présence du serpent même après notre nouvelle naissance.

Après mon séjour professionnel à Kasumbalesa, ville frontalière avec la République de la Zambie, je fus affecté à Kolwezi dans le même service. Un jour, une servante de Dieu me rendit visite à l'hôtel et, du coup l'Esprit de Dieu qui était en moi lui dit que tu es une servante de Dieu parce qu'elle voulais se camoufler.

Plusieurs jours, je lui dirai que mes pieds sont très froids et, je ne savais pourquoi. Après la prière, Dieu se révéla à elle et, elle dira que le serpent avait enroulé tes pieds. Après les prières de Délivrances, mes pieds devinrent normaux, c'est à dire ayant une température ordinaire.

Cela n'a été possible que par la lumière de Dieu,par la révélation.

La nouvelle marche permet de rencontrer le Seigneur sur son chemin.

Beaucoup de personnes ont rencontré le diable sur leur chemin sans connaître les motivations. Cet état de chose dépend de votre disposition spirituelle à partir de votre maison.

Lorsque vous sortez depuis la maison avec l'esprit du Seigneur, assurément, vous le rencontrerez sur votre chemin. Raison pour laquelle nous demandons aux chrétiens de commencer la journée par le culte matinal dans leurs églises locales . Cette disposition matinale va déterminer le reste de la journée.

D'autres personnes par contre, sortent de leurs maisons avec les pensées du serpent.

Elles s'imaginent depuis la maison, comment et par qui vont-elles commencer à voler, à tromper, à séduire où voire même comment elles vont tuer. En procédant de la sorte, vous rencontrerez le diable-serpent sur votre chemin pour vous permettre d'accomplir ces forfaits et, de se faire saisir par la justice.

2.6. LE POUVOIR DU FEU FACE AU SERPENT

Actes 28 : 2- 6 dit que " *Et les barbares userent d'une humanité peu ordinaire envers nous, car ayant allumé un feu, ils nous reçurent tous, à cause du froid. Et, Paul ayant ramassé une quantité de branches sèches et les ayant mises sur le feu, une vipère sortit de la chaleur et s'attacha à sa main. Et quand les barbares virent la bête suspendue à sa main, ils se dirent l'un à l'autre ; Assurément, cet homme est un meurtrier, puisque, après avoir été sauvé de la mer, Nemesis n'a pas permis qu'il vécut. Lui, donc, ayant secoué la bête dans le feu, n'en souffrit aucun mal ; et ils s'attendaient à ce qu'il enflerait ou tomberait mort subitement. Mais quand ils eurent vu qu'il ne lui arrivait rien d'extraordinaire, changeant de sentiment, ils dirent que c'était un dieu.* "

Le feu a un pouvoir séparateur, purificateur. L'or brut n'est-il pas fondu au feu pour obtenir un produit pur ?
Le feu est capital dans toutes les activités. Il est destructeur. C'est par le feu que l'apôtre Paul a maîtrisé le serpent. Il le secoua au feu.

Il faut garder son feu allumé sans être éteint. C'est à dire qu'il faut garder l'Esprit-Saint en état d'eveille en soi. Il ne faut pas l'attrister. Paul était rempli de la puissance de l'Esprit-Saint. Ces fruits attirent la présence de Dieu en nous et, nous rendent plus fort et capable de réaliser des prouesses avec lui. L'apôtre Paul en a fait la démonstration de la présence de Dieu devant les barbares.

Par le feu, le serpent se détacha de la main de Paul et tomba dans le feu.
C'est pourquoi ,nous devons allumer le feu dans nos maisons, dans nos milieux professionnels et religieux et, nous aurons reussi à se débarrasser de lui

En d'autres termes, nous n'avons pas raison de craindre le serpent dans nos milieux. Seulement, il faut chauffer son corps, son église, sa maison etc avec la prière et il s'en ira définitivement.

CONCLUSION

L'hostilité déclarée du serpent vis à vis de la personne humaine et, par ricochet à toute l'humanité est un combat de longue haleine. C'est un combat permanent qui a commencé depuis la création.

Notre comportement, le respect de notre alliance permettra à la personne de se défaire des stratagèmes du serpent.

Il faut connaître ses moyens d'attaques et de défense pour lui apporter une riposte approprié.

Les visées du serpent sont l'egarrement des enfants de Dieu ; la contrainte à s'écarter de l'alliance avec Dieu.

Pour cela, la nouvelle naissance par le baptême de feu est recommandé.

Par ces écrits, nous voulons réveiller la conscience de l'humanité entière composée des femmes, des hommes et des enfants sur *la guerre inéluctable et permanente qu'engage le serpent de l'humanité.*

Ensemble avec psaumes 1 :1 recommandons à toute personne de marcher sur ces conseils. " *heureux l'homme qui ne marche pas dans le conseil des méchants, et ne s'assied pas au siège des moqueurs"*

Le chemin du moqueur est tortueux et contraire aux Paroles de Dieu repris par Luc 3 : 4 " *voix de celui qui crie dans le désert : préparez le chemin du Seigneur, Faites droits ses sentiers."*

JÉSUS-CHRIST EST NOTRE AVENIR.

Printed by Books on Demand GmbH, Norderstedt / Germany